LÍRIOS
GUIA PRÁTICO

A Editora Nobel tem como objetivo publicar obras com qualidade editorial e gráfica, consistência de informações, confiabilidade de tradução, clareza de texto, impressão, acabamento e papel adequados. Para que você, nosso leitor, possa expressar suas sugestões, dúvidas, críticas e eventuais reclamações, a Nobel mantém aberto um canal de comunicação.

Entre em contato com:
Central Nobel de Atendimento ao Consumidor
Fone: (011) 3931-2822 ramais 248 e 259 Fax: (011) 3931-3988
End.: Rua da Balsa, 559 — São Paulo — CEP 02910-000
Internet: www.livrarianobel.com.br

LÍRIOS

GUIA PRÁTICO

Um livro QUANTUM/NOBEL.
6 Blundell Street
Londres N 7 9BH

Projeto: Rebecca Kingsley
Editoria: Judith Millidge
Arte: David Manson, Andy McColm, Maggie Manson

Publicado em inglês sob o título
Lilies — A Pocket Companion
Publicado anteriormente em
Lilies: an illustrated identifier and guide to cultivation

© 1999 Quantum Books Ltd.
© 1999 Livraria Nobel

Direitos desta edição reservados à
Livraria Nobel S.A.
Rua da Balsa, 559 — São Paulo, SP — 02910-000
Fone: (011) 3931-2822 Fax: (011) 3931-3988
e-mail: ednobel@nutecnet.com.br

Coordenação editorial: Mirna Gleich
Assistência editorial: Maria Elisa Bifano
Tradução: Dinah de Abreu Azevedo
Revisão técnica: Yone F. Hein (bióloga e paisagista)
Revisão: Marisa Rosa Teixeira e Maria Aparecida Amaral
Composição: ComplLaser Studio Gráfico
Impressão: Star Standard Industries (Pte) Ltd.

Dados Internacionais de Catalogação na Publicação (CIP)
(Câmara Brasileira do Livro, SP, Brasil)

Lírios: guia prático / tradução Dinah de Abreu Azevedo. — São Paulo: Nobel, 1999.

Título original: Lilies — A Pocket Companion
ISBN 85-213-1066-8

1. Lírio 2. Lírio — Cultura.

99-0501   CDD-635.93432

Índices para catálogo sistemático:
1. Lírio: Cultivo 635.93432
2. Lírio: Floricultura 635.93432

É PROIBIDA A REPRODUÇÃO

Nenhuma parte desta obra poderá ser reproduzida, copiada, transcrita ou mesmo transmitida por meios eletrônicos ou gravações sem a permissão, por escrito, do editor. Os infratores serão punidos pela Lei nº 5.988, de 14 de dezembro de 1973, artigos 122-130.

Impresso em Cingapura / *Printed in Singapore*

Sumário

LÍRIOS MARAVILHOSOS, 7
A morfologia do lírio, 8
O cultivo dos lírios, 10
Propagação, 12
Pragas e doenças, 14
Classificação horticultural, 15

ESPÉCIES & HÍBRIDOS DE LÍRIOS, 17
Espécies de lírios, 18
Híbridos de lírios, 36

Índice remissivo, 64

LÍRIOS MARAVILHOSOS

Os lírios destacam-se por sua beleza, quer estejam no campo, em um canteiro, quer formem um buquê de flores. Têm sempre uma forte presença. Em sua simplicidade, pureza de forma e cor há um toque exótico que muito nos atraem. Tanto os jardineiros quanto os leigos há séculos se encantam com eles.

A morfologia do lírio

O lírio é uma planta bulbosa com hastes sem ramificações que sustentam de uma a cinqüenta flores. A forma e o tamanho das flores variam consideravelmente e são um dos critérios de sua classificação.

PÉTALAS E SÉPALAS

Para a maioria das pessoas, a flor é a parte mais importante do lírio. O lírio parece ter seis pétalas mas três delas são o que chamamos tecnicamente de sépalas. As sépalas envolvem as pétalas quando a flor está em botão, formando um invólucro protetor em volta dele. Em algumas espécies, as sépalas são mais estreitas que as pétalas. Em conjunto, as pétalas e as sépalas são conhecidas como perianto, e individualmente como segmentos do perianto, ou por tépalas.

À esquerda. Os sulcos nectários que ficam na base do perianto.

Acima. Os órgãos sexuais de cores vivas — seis estames e um único estilete central.

ESTAMES E ESTILETE

Na base de cada segmento do perianto existe um sulco onde o néctar é produzido para seduzir os insetos a visitarem a planta e auxiliarem na polinização. Os órgãos sexuais associados a essa polinização projetam-se do centro da flor: são seis estames e um único estilete. A antera, ponta do estame, está ligada ao talo, ou filamento, e situada no centro. Isso permite o máximo contato com o corpo da abelha quando esta colhe o néctar próximo à base dos estames. A cor das anteras e do pólen varia conforme a espécie. Esse pólen pode sujar as flores e é removido dos lírios quando eles são utilizados como flor de corte.

O estilete, mais longo que os estames, é cercado por um estigma de três lóbulos, órgão reprodutor que recebe o pólen. Na base do estilete está o ovário, que forma a cápsula das sementes.

O cultivo dos lírios

Muitos jardineiros adquirem suas primeiras plantas em forma de bulbos, em loja de jardinagem ou viveiro local. Em geral, o estoque se restringe a poucas espécies, suficientes para levar o jardineiro a se apaixonar por seu cultivo.

ESCOLHA DO LOCAL

Após adquirir os bulbos, é preciso plantá-los. Escolha um local apropriado. A maioria dos lírios gosta de sol, embora alguns sejam habitantes de bosques e precisem de um pouco de sombra. Na p. 17 apresentamos as necessidades de cada espécie.

Os lírios gostam de manter as raízes frescas, o que se consegue cultivando-os junto a outros vegetais. Eles combinam bem com outras plantas e crescem à vontade entre arbustos de folhas verdes que, por sua vez, criam um pano de fundo ideal, para destacar a beleza dos lírios.

À esquerda. Um canteiro informal de lírios mostra que ficam muito bonitos misturados com outras plantas.

Acima. Os lírios ficam lindos quando plantados ao lado de arbustos sempre verdes.

LÍRIOS MARAVILHOSOS

PREPARO DO SOLO

Os lírios gostam de solo com boa drenagem de água e com retenção apenas da umidade. Uma boa drenagem de água escoa todo o excesso, deixando umidade suficiente para manter o húmus e alimentar a planta. Um solo muito úmido e estagnado fará as raízes apodrecer. Se o solo for seco, será preciso acrescentar-lhe matéria orgânica que proporcionará umidade e nutrientes.

PLANTIO DOS LÍRIOS

Depois de escolhido o local e preparado o solo plante os bulbos. Embora a primavera seja a época ideal, pode-se plantar a qualquer tempo. A maioria dos lírios deve ser plantada bem fundo, principalmente os de raízes com haste acima dos bulbos. A ponta do bulbo deve ficar embaixo do solo numa profundidade equivalente a duas vezes a altura do bulbo.

Propagação

Alguns jardineiros talvez não gostem muito de propagar suas próprias plantas. Num jardim dinâmico, a propagação faz parte da rotina anual para cultivo de novas plantas para garantir a sobrevivência e a manutenção da espécie no canteiro.

A GERMINAÇÃO DA SEMENTE

Uma maneira mais simples de propagação das plantas é a reprodução por sementes. A produção de mudas é maior do que a obtida de bulbos prontos para o plantio.

* Leia também *Segredos da propagação de plantas*, de Lewis Hill, Nobel, 1996.

A GERMINAÇÃO EPIGEAL

As sementes dos lírios germinam de duas formas: epigeal e hipogeal. O lírio é uma monocotiledônea: sua semente só produz uma folha, a primeira que brota. Na germinação epigeal, esse cotilédone emerge primeiro de maneira convencional acima do solo, levando o invólucro da semente na ponta ou deixando-o cair.

1. *Solo drenado é perfeito para lírios.*

2. *Introduza a semente próximo ao solo.*

3. Cubra a semente com terra.

4. Dois meses depois da semeadura.

A GERMINAÇÃO HIPOGEAL

Na germinação hipogeal, o cotilédone e o invólucro da semente permanecem ocultos, embaixo do solo, perto do bulbo em desenvolvimento, e a primeira folha a ser vista é a primeira folha verdadeira.

IMEDIATA OU RETARDADA

A germinação pode ainda ser imediata ou retardada. Na germinação imediata a semente começa a se desenvolver assim que encontra condições favoráveis. A germinação retardada começa embaixo do solo e depois pára até a primavera seguinte, quando aparece sua primeira folha.

TÉCNICAS DE SEMEADURA

As sementes devem ser plantadas em vasos, porque as bandejas costumam ser rasas demais. O solo deve ser uma mistura arenosa ou com pouco fertilizante, formulado para a germinação da semente. Plante as sementes bem perto da superfície, distribuindo-as uniformemente. Cubra-as com uma camada de terra e regue. Os vasos devem ser colocados à sombra ao ar livre ou em recinto fechado e frio. Mantenha o solo úmido e regue regularmente até que as sementes germinem. Transplante as mudas no final do primeiro verão para outros vasos ou para um solo enriquecido.

Pragas e doenças

Os lírios parecem muito vulneráveis a pragas e doenças. No entanto, com atenção redobrada e uso criterioso de defensivos químicos, a maioria sobrevive para nos oferecer sempre um belo espetáculo.

PULGÕES Pequenos insetos sugadores encontrados nos botões ou brotos.
Tratamento. Sabão inseticida, pyrethrum rotenone [derris] ou malathion.

BESOUROS DE LÍRIOS As larvas e os adultos devoram as folhas e as flores.
Tratamento. Retire-os manualmente, borrife com inseticida à base de malathion.

TRIPS DE LÍRIOS As larvas róseas e os adultos pretos atacam os bulbos.
Tratamento. Mergulhe os bulbos em água a 44° C ou borrife com malathion.

LESMAS E CARACÓIS Devoram toda a planta.
Tratamento. Retire manualmente, de preferência à noite.

BOTRYTIS Apodrecimento ou doença em forma de manchas escuras que se espalham pelas folhas.
Tratamento. Remova as folhas afetadas e borrife com um fungicida.

PODRIDÃO Doença fúngica causada pelo fusarium, que destrói o bulbo inteiro.
Tratamento: Limpe o solo e trate-o com uma solução de formalina a 2%. Queime os bulbos infectados.

MOSAICO DE PEPINO Sob a forma de folhas sarapintadas, produz plantas distorcidas.
Tratamento. Queime os bulbos infectados.

MANCHA DO LÍRIO Semelhante ao mosaico de pepino.
Tratamento. Queime as plantas infectadas.

Classificação horticultural

A classificação apresentada é estabelecida pela Royal Horticultural Society of Britain (RHS), autoridade internacional de registro de lírios. O catálogo registra mais de 4 mil lírios e pode ser adquirido por quem cultiva essa planta.

DIVISÃO I
Híbridos derivados de espécies ou grupos de híbridos como o *Lilium lancifolium* (*L. tigrinum*), *L. cernuum*, *L. davidii*, *L. leichtlinii*, *L.x maculatum*, *L.x hollandicum*, *L. amabile*, *L. pumilum*, *L. concolor* e *L. bulbiferum*.
I(a) Lírios de florescimento precoce com flores eretas, isoladas ou em umbelas.
I(b) Lírios com flores voltadas para fora.
I(c) Lírios com flores pendentes.

DIVISÃO II
Híbridos do tipo martagon, sendo um dos pais uma variedade do *L. martagon* ou do *L. hansonii*.

DIVISÃO III
Híbridos derivados do *L. candidum*, *L. chalcedonicum* e de outras espécies européias aparentadas (com exceção do *L. martagon*).

DIVISÃO IV
Híbridos derivados de espécies americanas.

DIVISÃO V
Híbridos derivados do *L. longiflorum* e do *L. formosanum*.

DIVISÃO VI
Híbridos de lírios em forma de trombeta e híbridos Aurelianos derivados de espécies asiáticas, entre as quais o *L. henryi*, que exclui os derivados do *L. auratum*, *L. speciosum*, *L. japonicum* e *L. rubellum*.
VI(a) Com flores em forma de trombeta.
VI(b) Com flores em forma de tigela e voltadas para fora.
VI(c) Com flores pendentes.
VI(d) Com flores em forma de estrela achatada.

DIVISÃO VII
Espécies híbridas do Extremo Oriente como o *L. auratum*, *L. speciosum*, *L. japonicum* e *L. rubellum*, incluindo todos os híbridos do *L. henryi*.
VII(a) Com flores em forma de trombeta.
VII(b) Com flores em forma de tigela.
VII(c) Com flores achatadas.
VII(d) Com flores recurvadas.

DIVISÃO VIII
Outros híbridos.

DIVISAO IX
Todas as espécies, suas variedades e formas.

ESPÉCIES & HÍBRIDOS DE LÍRIOS

Símbolos

Altura (cm)

SOL OU SOMBRA

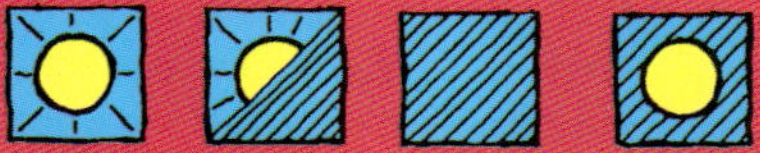

Pleno sol   Sombra   Sol ou sombra   Sombra parcial

PERÍODO DE FLORAÇÃO

PERÍODO 1	PERÍODO 2	PERÍODO 3	PERÍODO 4	PERÍODO 5
Fim da primavera	Meio do verão	Início do verão	Fim do verão	Início do outono

GERMINAÇÃO

Epigeal Imediata/Retardada   **Hipogeal** Imediata/Retardada

LILIUM AMABILE

Um lírio *free-flowering* com flores pendentes vermelhas de pintas pretas. Originário da Coréia, suporta uma grande variedade de solos. As flores são produzidas entre início e meados do verão. Espécie em que brotam raízes da haste. Existe uma variedade amarela, o *L. a. luteum*.

Origem Coréia.
Altura 90 cm.
Cor Vermelho com pintas pretas.
Germinação Hipogeal imediata.
Posição Sol ou sombra parcial.

LILIUM AURATUM

Conhecida como lírio-japonês de raios dourados, esta espécie tem flores grandes e perfumadas em forma de tigela. Dá até trinta flores por haste. Não tolera solo alcalino, mas cresce bem em vasos. Como os bulbos são vulneráveis a doenças viróticas, só devem ser adquiridos de bons fornecedores.

Origem Japão.
Altura 1,8 m.
Cor Branco com uma listra dourada e pintas vermelhas.
Germinação Epigeal retardada.
Posição Pleno sol.

LILIUM BOLANDERI

Esta espécie tem flores afuniladas vermelho-escuras mesclando-se com o amarelo do centro. Tem pintas púrpura nas pétalas internas. As flores aparecem no meio do verão de hastes que brotam do chão. Não tem vida longa e precisa ser semeada anualmente para ser perpetuada.

Origem Estados Unidos.
Altura 90 cm.
Cor Vermelho com centro amarelo.
Germinação Hipogeal retardada.
Posição Pleno sol.

LILIUM BULBIFERUM

Tem flores em forma de taça voltadas para cima, com pétalas laranja-avermelhadas com pintas pretas. Tolera diversos solos. Fácil de conseguir seus híbridos, esta é uma boa planta para quem deseja experimentar essa técnica.

Origem Europa.
Altura 1,5 m.
Cor Laranja-avermelhado com pintas pretas.
Germinação Hipogeal retardada.
Posição Pleno sol.

LILIUM CANADENSE

Esta espécie é um dos primeiros lírios americanos a ser introduzido na Europa, e tem um grande número de flores em forma de trombeta com pétalas amarelas voltadas para baixo. A floração é no meio do verão. Pode ser exigente, e não gostar de solos alcalinos, nem do frio úmido e muita secura. Este lírio é estolonífero e forma poucas hastes que se enraízam.

Origem Estados Unidos.
Altura 1,8 m.
Cor Pétalas amarelas salpicadas de pintas escuras.
Germinação Hipogeal retardada.
Posição Pleno sol.

LILIUM CANDIDUM

Esta espécie perfumada, também conhecida como lírio da Madona, é um dos lírios mais antigos cultivados no mundo. Gosta de solos alcalinos, mas requer húmus extra para evitar excesso de secura. Precisa ser plantado próximo ao solo, com o broto que está apontando ao nível do solo, ou logo abaixo dele. As flores são afuniladas e brancas.

Origem Sudeste da Europa, Ásia.
Altura 1,5 m.
Cor Branco puro.
Germinação Epigeal imediata.
Posição Pleno sol.

LILIUM CERNUUM

Lírio delicado com flores perfumadas, de um maravilhoso rosa-escuro com pintas púrpura. Esta espécie produz raízes a partir da haste e das sementes. Por não ter vida longa, o bulbo precisa regularmente de propagação para garantir sua sobrevivência. Tolera solos alcalinos e cresce bem em jardins de pedra.

Origem Nordeste da Ásia.
Altura 60 cm.
Cor Rosa-escuro com pintas púrpura.
Germinação Epigeal imediata.
Posição Pleno sol.

LILIUM CHALCEDONICUM

Com um perfume diferente, esta espécie floresce entre meados e final do verão. Tem hastes que se enraízam e sementes, mas é uma planta de vida curta e precisa ser propagada regularmente. Cresce em solos alcalinos e tolera bem um pouco de sombra.

Origem Grécia.
Altura 1,5 m.
Cor Vermelho-vivo.
Germinação Epigeal imediata.
Posição Tolera a sombra.

LILIUM CONCOLOR

Com flores perfumadas em forma de estrela que aparecem do início até meados do verão, esta espécie produz mais de dez flores por haste. Cresce em solos ricos em calcário, tanto em jardins de pedra como em vasos.

Origem Extremo Oriente.
Altura 90 cm.
Cor Vermelho-alaranjado.
Germinação Epigeal imediata.
Posição Sol ou um pouco de sombra.

LILIUM DAURICUM

Este lírio desempenhou um papel importante na história da hibridização. As flores, em forma de taça, aparecem do início até meados do verão. Espécie estoloniforme que produz raízes a partir da haste e prefere um solo sem calcário.

Origem Rússia e nordeste da Ásia.
Altura 90 cm.
Cor Laranja-avermelhado com pintas vermelho-escuras.
Germinação Epigeal imediata.
Posição Sol ou um pouco de sombra.

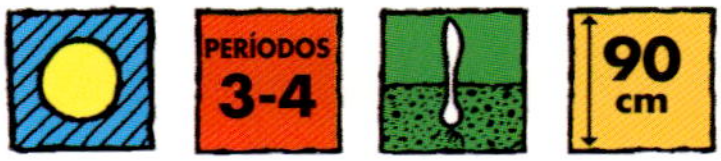

LILIUM DAVIDII

Fácil de cultivar a partir de sementes, este lírio hibridiza facilmente, gerando muitas variedades. Floresce de meados até o fim do verão e consegue produzir até vinte flores. Só tolera solos alcalinos quando se acrescenta húmus extra.

Origem China.
Altura 1,5 m.
Cor Vermelho-alaranjado com pintas púrpura.
Germinação Epigeal imediata.
Posição Pleno sol.

LILIUM FORMOSANUM

Bela espécie com flores em forma de trombeta voltadas para fora, florindo entre o fim do verão e o início do outono. Não é uma espécie de vida longa, mas é fácil obtê-la a partir das sementes que florescerão um ano depois de semeadas.

Origem Taiwan.
Altura 1,8 m.
Cor Branco por dentro com um rosa-escuro avermelhado na face externa.
Germinação Epigeal imediata.
Posição Pleno sol.

LILIUM IRIDOLLAE

Originária do sudeste dos Estados Unidos, esta espécie produz talos com raízes e bulbos estoloníferos. Prefere o solo úmido tanto em pleno sol quanto na sombra parcial. As flores, amarelas com pintas marrons, aparecem entre meados e final do verão.

Origem Estados Unidos.
Altura 2 m.
Cor Amarelo com pintas pretas.
Germinação Hipogeal imediata.
Posição Pleno sol ou sombra parcial.

LILIUM KELLOGGII

Este lírio produz até vinte flores por talo, embora algumas plantas vigorosas excedam esse número. Sua cor varia do branco ao malva, com uma listra amarela na direção do centro. A floração vai do meio até o fim do verão. O bulbo é rizomatoso e prefere o solo arenoso mantido úmido.

Origem Estados Unidos.
Altura 1,2 m.
Cor Branco ao malva com uma listra amarela na direção do centro.
Germinação Hipogeal retardada.
Posição Sombra.

LILIUM LANCIFOLIUM

Este é o famoso lírio tigrino conhecido antigamente como *L. tigrinum*, planta florífera que produz de vinte a quarenta flores. Há um extenso leque de variedades com flores cuja cor vai do amarelo (var. *floviforum*) ao vermelho-alaranjado vivo (var. *splendens*). Prefere solo neutro ou ácido e pode ser propagada a partir de bulbilhos.

Origem Extremo Oriente.
Altura 2 m.
Cor Vermelho-alaranjado com pintas.
Germinação Epigeal imediata.
Posição Pleno sol.

LILIUM LANKONGENSE

Lírio importante por causa do número de híbridos que gerou. Esta espécie é difícil de cultivar e tende a ser vulnerável a doenças causadas por vírus. As flores perfumadas aparecem durante o meio do verão. De ramos enraizantes, o bulbo é estolonífero e cresce melhor em solo neutro ou ácido.

Origem China e Tibet.
Altura 1,2 m.
Cor Rosa com pintas vermelho-púrpura.
Germinação Epigeal imediata.
Posição Pleno sol.

LILIUM LONGIFLORUM

Conhecido como lírio-branco ou lírio-japonês, este é um dos lírios mais populares como flores de corte. As flores são perfumadas e aparecem no meio do verão, ou o ano todo se forem cultivadas em estufa. Pode florir seis meses depois de semeado e é considerado frágil em muitas regiões. Com boa drenagem e proteção contra geadas, pode ser cultivado em pleno sol.

Origem Japão.
Altura 90 cm.
Cor Branco puro.
Germinação Epigeal imediata.
Posição Pleno sol.

LILIUM MARITIMUM

Esta espécie é encontrada ao longo da costa da Califórnia. As flores pendentes são afuniladas e sua cor varia do vermelho-alaranjado ao vermelho-escuro. As plantas mais vigorosas produzem mais de vinte flores por haste. Preferem solo poroso enriquecido com húmus.

Origem Estados Unidos.
Altura 90 cm.
Cor Do vermelho-alaranjado ao vermelho-escuro, com pintas marrons.
Germinação Hipogeal retardada.
Posição Um pouco de sombra.

LILIUM MARTAGON

Uma das espécies mais antigas e populares. Seu único senão é o cheiro. As flores chegam a quarenta por haste e aparecem entre o início e o meio do verão. Depois de estabelecidas, pode ocorrer a auto-semeadura, aparecendo nas áreas mais desertas do jardim.

Origem Europa, Ásia.
Altura 1,8 m.
Cor Branco ou rosa até o púrpura-escuro.
Germinação Hipogeal retardada.
Posição Sol ou sombra parcial.

LILIUM MICHIGANESE

A cor deste lírio vai do laranja ao vermelho com pintas vermelho-escuras ou púrpura. Floresce entre o início e o meio do verão. Esta espécie requer um solo que retenha a umidade. O bulbo é estolonífero sem raízes no talo.

Origem Estados Unidos.
Altura 1,5 m.
Cor Do laranja ao vermelho com pintas vermelho-escuras ou púrpura.
Germinação Hipogeal retardada.
Posição Pleno sol.

LILIUM NEPALENSE

Espécie de floração precoce, do final da primavera até o início do verão. As flores afuniladas têm pétalas com reflexos. Sua beleza é comprometida pelo cheiro, considerado desagradável. Tido como frágil, quando cultivado em pleno sol, este lírio requer proteção no inverno.

Origem Nepal, Himalaia.
Altura 90 cm.
Cor Amarelo-esverdeado com o centro púrpura.
Germinação Epigeal imediato.
Posição Pleno sol.

LILIUM PARDALINUM

Muito conhecido como lírio leopardo ou pantera, esta espécie é robusta, vigorosa e de grande estatura. Sua floração ocorre no meio do verão, com cores que variam do vermelho-sangue ao laranja no centro. Tolera solos alcalinos, mas prefere os que retêm umidade. Maravilhosos como flores de corte.

Origem Estados Unidos.
Altura 2,4 m.
Cor Do vermelho-sangue ao laranja, com pintas amarronzadas.
Germinação Hipogeal retardada.
Posição Pleno sol.

LILIUM PARRYI

As flores são em forma de trombeta, de cor amarelo-limão e delicado perfume. Florescem no meio do verão. Esta espécie precisa ser plantada em lugar bastante arejado, pois é vulnerável a fungos. Prefere o solo úmido, mas não encharcado.

Origem Estados Unidos.
Altura 1,8 m.
Cor Amarelo-limão com pintas escuras no centro.
Germinação Hipogeal imediata.
Posição Pleno sol.

LILIUM PUMILUM

Esta é uma das menores formas de lírios. Vigorosa, tem flores lindas e perfumadas. Pode dar até vinte flores por haste entre o início e o meio do verão. Não é uma espécie de vida longa, mas produz grande quantidade de sementes. Prefere local ensolarado e solo não-alcalino.

Origem Ásia Oriental.
Altura 45 cm.
Cor Escarlate.
Germinação Epigeal imediata.
Posição Pleno sol.

LILIUM REGALE

Lírio robusto e fácil de cultivar, com flores perfumadas em forma de trombeta que aparecem entre o início e o meio do verão. Seu número pode variar entre vinte e trinta por haste. Versátil, cresce em qualquer solo e em qualquer lugar. Um grande número de variedades e híbridos foi produzido a partir desta espécie.

Origem China.
Altura 1,8 m.
Cor Branco puro com matizes rosa.
Germinação Epigeal imediata.
Posição Sol ou um pouco de sombra.

LILIUM RUBELLUM

Afuniladas e de perfume delicado, estas flores aparecem no início do verão. Este lírio prefere um solo úmido, não-alcalino, em local parcialmente sombreado.

Origem Japão.
Altura 60 cm.
Cor Salmão.
Germinação Hipogeal retardada.
Posição Sombra parcial.

LILIUM RUBESCENS

Embora raro, este lírio é cultivado há mais de um século. As flores são de um lilás-claro, que se intensifica até um rosa-púrpura, lindamente sarapintado de púrpura. Espécie vigorosa com mais de trinta flores por haste, que aparecem no meio do verão. Prefere um lugar ensolarado com as raízes à sombra.

Origem Estados Unidos.
Altura 1,8 m.
Cor Vai do lilás-claro até o rosa com pintas púrpura.
Germinação Hipogeal retardada.
Posição Pleno sol.

LILIUM SPECIOSUM

Esta espécie tem muitos tipos e variedades. As pétalas são bem recurvadas nas flores pendentes e bastante perfumadas. Floresce no início do outono em áreas mais frescas. O ideal é cultivá-las em vasos para lhes permitir abrir com todo o esplendor.

Origem Japão.
Altura 1,8 m.
Cor Branco com rosa, salpicado de pintas rosa-escuras.
Germinação Hipogeal retardada.
Posição Sol ou um pouco de sombra.

LILIUM SUPERBUM

Espécie vigorosa que chega a ter quarenta flores por haste. As flores, perfumadas, aparecem entre o fim do verão e o início do outono. Este lírio requer solo não-alcalino com boa drenagem, sem ficar completamente seco, e local levemente sombreado.

Origem Estados Unidos.
Altura 2,4 m.
Cor Laranja que se funde ao vermelho-sangue, com pintas marrons.
Germinação Hipogeal retardada.
Posição Ligeiramente sombreada.

LILIUM TALIENSE

Este lírio tem flores perfumadas de cor branca, salpicadas de pintas púrpura, que aparecem no meio do verão. Espécie estolonífera com hastes que se enraízam. De vida curta, deve ser semeada anualmente para assegurar-lhe a continuidade. Prefere solo ácido.

Origem China.
Altura 1,2 m.
Cor Branco com pintas púrpura.
Germinação Epigeal imediata.
Posição Sombra parcial.

LILIUM TSINGTAUENSE

As flores deste lírio têm forma de taça e são eretas. As pétalas são vermelho-alaranjadas, salpicadas de pintas marrons. Aparecem no meio do verão em ramos que não se enraízam. Preferem um solo ácido enriquecido com húmus.

Origem China.
Altura 90 cm.
Cor Vermelho-alaranjado salpicado de marrom.
Germinação Hipogeal retardada.
Posição Sombra parcial.

LILIUM WALLICHIANUM

As flores afuniladas e perfumadas deste lírio aparecem no começo do outono. Devido à sua fragilidade é melhor cultivá-lo em estufa, principalmente em regiões mais frias, mas suas raízes estoloníferas precisam de espaço. Se for plantado em pleno sol, prefere solo bem arenoso e rico em húmus.

Origem Himalaia.
Altura 1,8 m.
Cor Branco, com verde na face externa das pétalas.
Germinação Epigeal imediata.
Posição Pleno sol.

LILIUM WASHINGTONIANUM

As flores deste lírio, voltadas para fora, são perfumadas e brancas, ganhando um toque de lilás e pintas púrpura quando maduras. As plantas vigorosas dão até vinte flores por haste. A floração estende-se por todo o meio do verão. Prefere um solo margoso, ácido ou neutro.

Origem Estados Unidos.
Altura 2,4 m.
Cor Branco puro com lilás e pintas púrpura.
Germinação Hipogeal retardada.
Posição Pleno sol.

LILIUM WIGGINSII

Este lírio tem flores amarelas salpicadas de pintas púrpura que aparecem no meio do verão. O bulbo é rizomatoso com raízes ocasionais nos ramos. Prefere um solo ácido que retenha a umidade.

Origem Estados Unidos.
Altura 1,2 m.
Cor Amarelo-vivo com pintas púrpura.
Germinação Hipogeal retardada.
Posição Pleno sol.

CARDIOCRINUM GIGANTEUM

Embora agora pertença a um gênero diferente, esta planta bulbosa ainda é considerada um lírio pelos cultivadores. Conhecida antigamente como *Lilium giganteum*, as flores chegam a 20 cm de comprimento e são brancas com púrpura-avermelhado no centro. Aparecem do início ao fim do verão. A planta morre após florir, mas é possível replantar os talos.

Origem Himalaia.
Altura 3,6 m.
Cor Vermelho-sangue e laranja com pintas amarronzadas.
Germinação Epigeal retardada.
Posição Sombra.

CARDIOCRINUM CORDATUM

Conhecida antigamente como *Lilium cordatum*, esta espécie é semelhante, mas muito menor, ao *C. giganteum*. Esta espécie, também monocárpica, precisa ser replantada todos os anos.

Origem Japão.
Altura 1,8 m.
Cor Branco puro com pintas avermelhadas no centro.
Germinação Epigeal imediata.
Posição Sombra.

ESPÉCIES DE LÍRIOS

HÍBRIDOS DE LÍRIOS

VARIEDADE AFRICAN QUEEN

Esta variedade consiste em uma seleção de lírios perfumados em forma de trombeta, cuja cor varia do amarelo-vivo ao pêssego. Muito florífera, chega a ter mais de doze flores por haste, as quais aparecem do meio até o fim do verão. Cresce bem em solos alcalinos e tolera a sombra parcial.

Classificação RHS Divisão VI (a).
Altura 1,8 m.
Cor Amarelo-vivo ao pêssego.
Posição Sombra parcial.

PERÍODOS 3-4 | 1,8 m

"APELDOORN"

Este híbrido tem flores em forma de estrela, eretas e de um laranja-vivo ligeiramente matizado com pintas pretas. É uma planta vigorosa que cresce bastante e chega a dar uma dúzia de flores por haste. Floresce no meio do verão e tolera solos alcalinos.

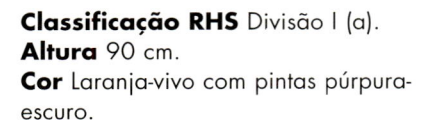

Classificação RHS Divisão I (a).
Altura 90 cm.
Cor Laranja-vivo com pintas púrpura-escuro.
Posição Pleno sol.

PERÍODO 3 | 90 cm

"ATILLA"

Este lírio tem flores grandes voltadas para fora, com pétalas de tom amarelo-creme escuro salpicado de pintas marrom-escuras. É uma espécie vigorosa que cresce bastante e flori no meio do verão. Tolera solos alcalinos.

Classificação RHS Divisão I (b).
Altura 90 cm.
Cor Amarelo-creme escuro com pintas marrom-escuras.
Posição Pleno sol.

HÍBRIDOS AURELIANOS

Variedade maravilhosa dos lírios em forma de trombeta desenvolvida nos anos 30 deste século, com um grande espectro de cores que inspiraram o nome de muitos híbridos. Flori no meio do verão e cresce em solos alcalinos se for acrescentado suficiente húmus.

Classificação RHS Divisão VI (a).
Altura 2,4 m.
Cor Grande variedade de cores.
Posição Pleno sol.

HÍBRIDOS BACKHOUSE

Abrange um grande número de híbridos do final do século XIX, alguns dos quais receberam nomes individuais. As flores pendentes apresentam-se em muitas cores entre o creme e o amarelo, passando pelo rosa até o vermelho. Surgem entre o início e o meio do verão. Toleram solos alcalinos.

Classificação RHS Divisão II.
Altura 1,8 m.
Cor Amarelo, creme, rosa e vermelho.
Posição Pleno sol.

HÍBRIDOS BELLINGHAM

Esta é uma linhagem antiga de híbridos criada nos Estados Unidos no final da Primeira Guerra Mundial. Lírios resistentes, pouco vulneráveis a vírus. Produzem até vinte flores pendentes por ramo entre o início e o meio do verão. Sua cor varia do amarelo ao laranja-avermelhado vivo com pintas marrom-avermelhadas.

Classificação RHS Divisão IV.
Altura 2 m.
Cor Do amarelo ao laranja-avermelhado vivo com pintas marrom-avermelhadas.
Posição Pleno sol.

"BINGO"

Um dos menores híbridos asiáticos. Suas flores, voltadas para fora, aparecem entre o início e o meio do verão. As pétalas são vermelho-alaranjadas nas bordas, que vai clareando à medida que se aproxima da base. Espécie ideal para vasos e jardineiras por causa dos ramos curtos. Tolera solos alcalinos.

Classificação RHS Divisão I (b).
Altura 45 cm.
Cor Vermelho-alaranjado que vai clareando em direção ao centro.
Posição Pleno sol.

"BLACK BEAUTY"

Híbrido oriental com pétalas muito recurvadas. As flores são vermelho-vivas com frisos brancos nas bordas das pétalas, formando uma estrela verde no centro da flor. É uma espécie fácil de cultivar, com grande número de flores perfumadas no meio do verão. Com hastes que se enraízam, deve ser plantada a uma boa profundidade. Evite solos alcalinos.

Classificação RHS Divisão VII (d).
Altura 1,8 m.
Cor Vermelho-vivo com frisos brancos nas bordas e uma "estrela" verde no centro.
Posição Pleno sol.

HÍBRIDOS DE LÍRIOS

"BONFIRE"

Lírio maravilhoso, grande, com flores em forma de tigela que aparecem no fim do verão, e pétalas vermelho-sangue intenso no meio que vai clareando até atingir um branco prateado nas bordas e na face inferior com pintas também vermelho-sangue. Não gosta de solos alcalinos.

Classificação RHS Divisão VII (b).
Altura 1,5m.
Cor Pétalas que vão do vermelho-sangue ao branco prateado nas bordas e com pintas vermelho-sangue.
Posição Pleno sol.

PERÍODO 4 — 1,5 m

"BRIGHT STAR"

Aqui a estrela é o centro laranja-vivo de uma flor branca. Este é um dos lírios em forma de trombeta de pétalas com as pontas recurvadas. Fácil de cultivar, pode produzir uma dúzia de flores perfumadas por haste. Floresce no meio do verão. Tolera solos alcalinos.

Classificação RHS Divisão VI (d).
Altura 1,2 m.
Cor Flor branca com um centro laranja-vivo.
Posição Pleno sol.

PERÍODO 3 — 1,2 m

"BULL'S EYE"

As flores deste lírio, em forma de tigela, são voltadas para fora. São muito vistosas, com uma cor amarelo-limão vivo e um olho vermelho bem destacado. Esta planta flori no meio do verão e cresce em solos alcalinos.

Classificação RHS Divisão I (b).
Altura 90 cm.
Cor Amarelo-limão vivo com um olho vermelho bem destacado.
Posição Pleno sol.

"CASABLANCA"

Híbrido branco oriental com o destaque de uma estrela verde no centro, que contrasta com as anteras laranja-amarronzadas. A flor, enorme, chega a 25 cm. De perfume intenso, as flores aparecem do final do verão até o outono. Com ramos que não se enraízam, esta espécie não cresce em solos alcalinos.

Classificação RHS Divisão VII (b).
Altura 1,2 m.
Cor Branco com um toque de verde no centro.
Posição Pleno sol.

HÍBRIDOS DE LÍRIOS

VARIEDADE CITRONELLA

Híbridos asiáticos com uma ampla gama de cores que vai do dourado ao amarelo-limão, salpicada de pintas pretas. É uma variedade muito vigorosa, duradoura e prolífica. Cada haste sustenta até 30 flores, as quais aparecem no meio do verão. Esta planta tolera o solo alcalino.

Classificação RHS Divisão I (c).
Altura 1,5 m.
Cor Do dourado ao amarelo-limão, salpicada de pintas pretas.
Posição Pleno sol.

"COLLEEN"

Este é um lírio florífero ereto com flores de cor creme que vão clareando até o branco à medida que envelhecem. Há pintas púrpura na base das pétalas que contrastam com o pólen marrom. Florece no meio do verão e tolera solos alcalinos.

Classificação RHS Divisão I (a).
Altura 90 cm.
Cor Creme que vai clareando até o branco.
Posição Pleno sol.

"CONNECTICUT BEAUTY"

Este lírio também é conhecido como "Médaillon" (ou, incorretamente, como Medalhão). As flores são voltadas para fora com pétalas amarelo-limão, mais pigmentadas próximo à base. Floresce do início até o meio do verão. Tolera solos alcalinos.

Classificação RHS Divisão I (a).
Altura 90 cm.
Cor Amarelo-limão que se intensifica ao se aproximar do centro.
Posição Pleno sol.

"CONNECTICUT KING"

Híbrido asiático de prestígio. As flores são amarelo-ouro vivo, ligeiramente pálido na extremidade das pétalas. Por serem voltadas para fora e sem pintas, tornaram-se muito populares como flores de corte. A floração ocorre no meio do verão. Tolera solos alcalinos.

Classificação RHS Divisão I (a).
Altura 90 cm.
Cor Amarelo-ouro vivo.
Posição Pleno sol.

HÍBRIDOS DE LÍRIOS

"CONNECTICUT LEMONGLOW"

Flores voltadas para fora de cor amarelo-limão puro, sem pintas, que aparecem no meio do verão. A planta às vezes é chamada de "Gold Coast". Tolera solos alcalinos.

Classificação RHS Divisão I (b).
Altura 1,5 m.
Cor Amarelo.
Posição Pleno sol.

PERÍODO 3 — 1,5 m

"CORINA"

Híbrido asiático cujas flores voltadas para fora apresentam uma bela cor vermelha e um centro salpicado de pintas marrons e anteras marrom-avermelhadas. O período de floração é o início do verão. Esta planta tolera o solo alcalino.

Classificação RHS Divisão I (a).
Altura 90 cm.
Cor Vermelho com um centro salpicado de pintas marrons.
Posição Pleno sol.

PERÍODO 2 — 90 cm

"CORSAGE"

Um lírio duradouro, particularmente apropriado para corte, com a vantagem de não produzir pólen. Híbrido asiático com flores voltadas para fora. As pontas com reflexo são rosa-escuro, que vai clareando no centro até chegar ao creme. Essa área mais clara é coberta de pintas marrons. Produz até doze flores no meio do verão. Tolera solos alcalinos.

Classificação RHS Divisão I (b).
Altura 1,2 m.
Cor Rosa-escuro que vai clareando até o creme, com pintas marrons.
Posição Pleno sol.

"DESTINY"

Este lindo lírio tem flores amarelas voltadas para fora com pintas marrom-escuras. As pontas das pétalas apresentam reflexos. Floresce no início do verão. Desenvolve-se na maioria dos solos e tolera o solo alcalino.

Classificação RHS Divisão I (a).
Altura 1,2 m.
Cor Amarelo com pintas escuras.
Posição Pleno sol.

"EDITH"

Um lírio florífero e perfumado, com pétalas amarelo-claras ou creme, ligeiramente salpicadas de preto quando próximas da base verde-clara. As flores são grandes e aparecem no meio do verão. A planta tolera solos alcalinos.

Classificação RHS Divisão I (a).
Altura 1,2 m.
Cor Amarelo-claro com pintas escuras.
Posição Pleno sol.

"ENCHANTMENT"

Variedade seleta dos famosos Híbridos Mid-Century que se tornou um dos lírios mais populares. Híbrido asiático com flores vermelho-alaranjadas eretas, em forma de taça, sarapintadas de preto. É uma planta que produz muitas flores, chegando a dezesseis delas por haste. Ótima como flor de corte para o início do verão. Tolera solos alcalinos.

Classificação RHS Divisão I (a).
Altura 90 cm.
Cor Vermelho-alaranjado com pintas pretas.
Posição Pleno sol.

VARIEDADE GOLDEN SPLENDOR

Bela variedade de lírios em forma de trombeta com flores voltadas para fora que aparecem em toda a gama do amarelo, tendo ainda uma listra vermelha na face externa das pétalas. Esta espécie é resistente, vigorosa e duradoura. Floresce no meio do verão. Tolera solos alcalinos.

Classificação RHS Divisão VI (a).
Altura 1,2 m.
Cor Amarelo com listras vermelho-escuro.
Posição Pleno sol.

VARIEDADE GREEN MAGIC

Variedade de lírios em forma de trombeta, brancos em sua maioria, mas com variados graus de matizes verdes que se intensificam em direção ao centro da flor. É uma planta resistente, vigorosa e de vida longa. Floresce no meio do verão e tolera solos alcalinos.

Classificação RHS Divisão VI (a).
Altura 1,8 m.
Cor Branco com matizes verdes.
Posição Pleno sol.

HÍBRIDOS DE LÍRIOS

VARIEDADE HARLEQUIN

Este híbrido asiático tem ampla gama de cores, por isso o nome de Arlequim. As flores são salpicadas de pintas vermelhas ou marrons. A planta floresce no meio do verão e é uma variedade muito resistente e vigorosa que se desenvolve bem na maioria dos solos.

Classificação RHS Divisão I (c).
Altura 1,5 m.
Cor Ampla gama com pintas vermelhas ou marrons.
Posição Pleno sol.

"IMPERIAL CRIMSON"

Variedade de lírios perfumados com flores grandes bastante achatadas. As pétalas vermelho-sangue têm as bordas brancas. Floresce no meio do verão. A planta prefere solo rico, tolerando o alcalino.

Classificação RHS Divisão VII (c).
Altura 1,5 m.
Cor Vermelho-sangue com uma borda branca em cada pétala.
Posição Pleno sol.

"IMPERIAL GOLD"

Híbrido oriental de flores grandes e deliciosamente perfumadas. O número de flores chega a doze em cada haste. As flores são branco-marfim com uma listra dourada longitudinal no centro de cada pétala e pintas marrons. Esta planta não gosta de solos alcalinos encharcados.

Classificação RHS Divisão VII (c).
Altura 1,8 m.
Cor Branco-marfim com listras douradas, salpicadas de pintas marrons.
Posição Pleno sol.

"IMPERIAL SILVER"

Lírio parecido com o "Imperial Gold". A flor é branca com pintas marrons. É uma planta grande e vigorosa.

Classificação RHS Divisão VII (c).
Altura 1,8 m.
Cor Branco com pintas marrons.
Posição Pleno sol.

HÍBRIDOS DE LÍRIOS

HÍBRIDOS DE LÍRIOS

"JETFIRE"

Híbrido asiático de cores soberbas, cujas flores eretas vão de um laranja-escuro até chegar a um amarelo-vivo no centro, sem pintas. Pode ter doze flores por haste, que aparecem do início ao meio do verão. Esta planta tolera solos alcalinos.

Classificação RHS Divisão I (a).
Altura 1,2 m.
Cor Amarelo com partes escuras.
Posição Pleno sol.

PERÍODOS 2-3 | 1,2 m

"JOURNEY'S END"

Belo híbrido oriental com pétalas de intensa coloração púrpura e pontas com reflexo. As pétalas têm ao centro uma listra longitudinal escura e pintas em toda a superfície. Produz muitas flores, chegando a dar quinze por haste. Não gosta de solos alcalinos.

Classificação RHS Divisão VII (d).
Altura 1,8 m.
Cor Pétalas de cor púrpura e bordas mais claras, com pintas escuras.
Posição Pleno sol.

PERÍODOS 4-5 | 1,8 m

"LADY ANN"

Este lírio tem uma maravilhosa cor de pêssego, mais escura no centro e mais clara nas bordas das pétalas. O pólen marrom das anteras cria um belo contraste. É uma planta forte com flores que duram bastante e aparecem entre o meio e o final do verão. Pode ser cultivada em solos alcalinos.

Classificação RHS Divisão VI (b)-(c).
Altura 1,5 m.
Cor Pêssego com bordas mais claras.
Posição Pleno sol.

"LIMELIGHT"

Lírio popular com flores amarelo-claras em forma de trombeta com um toque esverdeado. A planta floresce no meio do verão, desenvolvendo-se tanto no sol quanto na sombra. Tolera solos alcalinos.

Classificação RHS Divisão VI (a).
Altura 1,8 m.
Cor Amarelo-claro com um toque esverdeado.
Posição Pleno sol.

"MABEL VIOLET"

Este lírio em forma de trombeta tem uma cor pouco encontrada nos lírios: violeta, ou quase violeta. Um rosa com centro esverdeado seria uma descrição mais exata, mas ainda assim inusitada. É uma planta resistente que floresce no meio do verão. É possível cultivá-la em solo alcalino.

Classificação RHS Divisão VI (a).
Altura 1,2 m.
Cor Rosa com centro esverdeado.
Posição Pleno sol.

"MARHAN"

Um *martagon-hansonii* muito antigo, do final do século XIX. As vistosas flores pendentes em forma de turbante são de cor laranja, salpicadas de pintas marrom-avermelhadas. Floresce no início do verão e tolera solos alcalinos.

Classificação RHS Divisão II.
Altura 1,8 m.
Cor Pétalas laranja que vão clareando até chegar ao branco das bordas, com pintas escuras.
Posição Pleno sol.

HÍBRIDOS MID CENTURY

Estes híbridos asiáticos com flores eretas apresentam uma grande variedade de cores vivas, que vão do amarelo, ao vermelho, passando pelo laranja. Produzidos em 1949, deles derivaram muitos híbridos com nomes próprios. Florescem no início do verão e toleram a maioria dos solos.

Classificação RHS Divisão I (a).
Altura 90 cm.
Cor Gama de amarelos, laranja e vermelhos.
Posição Pleno sol.

"MONT BLANC"

Lírio branco com flores eretas. É ligeiramente salpicado com delicados pontinhos próximos da base de cada pétala. As flores aparecem no meio do verão na extremidade de hastes curtas. Tolera solos alcalinos.

Classificação RHS Divisão VII (d).
Altura 60 cm.
Cor Branco com pintas escuras.
Posição Pleno sol.

HÍBRIDOS DE LÍRIOS

"MONTREUX"

Híbrido asiático com lindas flores rosa eretas, em forma de taça, pontilhadas de pintas marrons no centro. As flores aparecem no meio do verão. Esta planta tolera solos alcalinos.

Classificação RHS Divisão I (a).
Altura 90 cm.
Cor Pétalas rosa pontilhadas de pintas marrons no centro.
Posição Pleno sol.

"MOULIN ROUGE"

Híbrido asiático com flores de um vermelho-alaranjado vivo, manchadas e salpicadas com pintas de cores mais escuras. Floresce no meio do verão e tolera solos alcalinos.

Classificação RHS Divisão I (b).
Altura 1,2 m.
Cor Vermelho-alaranjado vivo com pintas mais escuras.
Posição Pleno sol.

HÍBRIDOS OLYMPIC

Variedade clássica de lírios em forma de trombeta, produzida logo depois da Segunda Guerra Mundial. Sua cor varia do branco até o verde-claro, passando pelo creme e pelo rosa, com o centro da flor em geral amarelo. As flores, perfumadas, aparecem no meio do verão. Tolera solos alcalinos.

Classificação RHS Divisão VI (a).
Altura 1,8 m.
Cor Varia do branco até o verde-claro, passando pelo creme e pelo rosa.
Posição Pleno sol.

PERÍODO 3 — 1,8 m

HÍBRIDOS PAISLEY

Variedade de lírios em forma de turbante com tonalidades que vão do amarelo ao marrom e púrpura, com pintas marrons. As flores aparecem no início do verão. Tolera solos alcalinos e sombra.

Classificação RHS Divisão II.
Altura 1,5 m.
Cor Amarelo, marrom e púrpura com pintas marrons.
Posição Sombra parcial.

PERÍODO 2 — 1,5 m

HÍBRIDOS DE LÍRIOS

VARIEDADE PINK PEARL

Híbridos perfumados em forma de trombeta que têm cor rosa-púrpura vivo na face externa e rosa mais claro na parte interna. Florescem entre o meio e o fim do verão. Estes lírios podem ser cultivados em solos alcalinos.

Classificação RHS Divisão VI (a).
Altura 1,5 m.
Cor Rosa-púrpura no centro e mais claro na parte interna.
Posição Pleno sol.

VARIEDADE PINK PERFECTION

Esta é uma variedade muito bonita de flores rosa-escuras em forma de trombeta. É uma planta prolífica que produz até vinte flores por haste no meio do verão. Tolera solos alcalinos.

Classificação RHS Divisão VI (a).
Altura 1,8 m.
Cor Rosa-escuro.
Posição Pleno sol.

HÍBRIDOS RED BAND

Lírios em forma de tigela e voltados para fora, com pétalas onduladas brancas com faixas largas que variam do rosa ao púrpura em direção ao centro. Também são salpicados de pintas nas mesmas cores. Este é o híbrido "Pink Ribbon". As flores, perfumadas, aparecem no final do verão. Não cresce em solos alcalinos.

Classificação RHS Divisão VII (b).
Altura 1,5 m.
Cor Pétalas brancas com faixas que vão do rosa ao púrpura na direção do centro.
Posição Pleno sol.

"ROSEPOINT LACE"

Este híbrido asiático de flores voltadas para fora tem sido produzido recentemente nos Estados Unidos. O lírio em forma de estrela tem pétalas de cor creme intensamente salpicadas de rosa, formando um efeito de mármore. As flores são perfumadas e aparecem no início do verão. Não gosta de solos alcalinos.

Classificação RHS Divisão I (a).
Altura 1,5 m.
Cor Pétalas de cor creme com um efeito de mármore rosa.
Posição Pleno sol.

"ROSITA"

Híbrido asiático de flores voltadas para fora e de cor rosa-púrpura. Os lírios em forma de taça são pontilhados com pintas de cor ligeiramente mais escura. É uma planta vigorosa, cujas flores duram bastante; excelente como flor de corte. Floresce no início do verão e tolera solos alcalinos.

Classificação RHS Divisão I (a).
Altura 90 cm.
Cor Rosa-púrpura com pintas ligeiramente mais escuras.
Posição Pleno sol.

PERÍODO 2 — 90 cm

"ROTER CARDINAL"

Este lírio também é conhecido como "Red Night"; ambos os nomes se referem ao vermelho-vivo desta flor ereta. Há algumas pintas de um vermelho mais escuro no centro. A floração ocorre no meio do verão e a planta tolera solos alcalinos.

Classificação RHS Divisão I (a).
Altura 90 cm.
Cor Vermelho-vivo.
Posição Pleno sol.

PERÍODO 3 — 90 cm

"SAFARI"

Híbrido asiático com flores eretas. Este lírio tem uma coloração viva com pétalas vermelho-alaranjadas e pintas pretas, além de uma faixa amarela longitudinal em direção da base. Floresce no meio do verão. A planta tolera solos alcalinos.

Classificação RHS Divisão I (a).
Altura 1,2 m.
Cor Pétalas vermelho-alaranjadas com pintas pretas e uma faixa amarela.
Posição Pleno sol.

"SHUKSAN"

Este é um dos mais belos híbridos Bellingham, que chega a dar dezesseis flores em cada haste no meio do verão. É uma planta vigorosa cujas flores duram muito, tornando-a ideal como flor de corte. A planta tolera solos alcalinos.

Classificação RHS Divisão IV.
Altura 1,8 m.
Cor Laranja-amarelado salpicado de pintas vermelhas e marrons.
Posição Pleno sol.

HÍBRIDOS DE LÍRIOS

"STAR GAZER"

Um dos híbridos orientais com flores eretas. Estas flores bem achatadas apresentam pétalas vermelho-vivas salpicadas de pintas escuras e com bordas brancas. É um lírio perfumado que floresce no meio do verão. Boa planta para vasos, onde as flores aparecem mais cedo. Não tolera solos alcalinos.

Classificação RHS Divisão VII (c).
Altura 1,5 m.
Cor Vermelho-vivo, clareando até o branco nas bordas, com pintas vermelho-escuras.
Posição Pleno sol.

"STERLING SILVER"

Lírio em forma de taça, com pétalas brancas salpicadas com pintas creme e marrons e pólen marrom. As flores são eretas e aparecem do início ao meio do verão nesta planta que tolera solo alcalino.

Classificação RHS Divisão I (a).
Altura 1,2 m.
Cor Pétalas brancas salpicadas de pintas creme e marrons.
Posição Pleno sol.

"SUN RAY"

Híbrido asiático com flores eretas amarelo-limão matizadas com algumas pintas marrons. As flores aparecem entre o início e o fim do verão. Esta planta tolera solos alcalinos.

Classificação RHS Divisão I (a).
Altura 90 cm.
Cor Amarelo-limão com pintas marrons.
Posição Pleno sol.

"SYLVESTER"

Híbrido asiático de flores eretas amarelo-ouro salpicadas com pintas marrom-claras. As flores aparecem no início do verão. Esta planta tolera solos alcalinos.

Classificação RHS Divisão I (a).
Altura 60 cm.
Cor Amarelo-dourado.
Posição Pleno sol.

HÍBRIDOS DE LÍRIOS

"THESEUS"

Híbrido asiático estéril, de flores voltadas para baixo em forma de turbante com uma tonalidade intensa de vermelho. É uma planta vigorosa que produz maravilhosas flores perfumadas no meio do verão. Não se desenvolve bem em solos alcalinos.

Classificação RHS Divisão I (c).
Altura 1,8 m.
Cor Vermelho-vivo.
Posição Pleno sol.

"VENTURE"

Híbrido asiático de flores eretas com pétalas ligeiramente recurvadas. Sua cor é vermelho bem vivo com pintas pretas. Floresce no meio do verão. A planta tolera solos alcalinos.

Classificação RHS Divisão I (a).
Altura 1,5 m.
Cor Vermelho bem vivo com pintas pretas.
Posição Pleno sol.

"YELLOW BLAZE"

Híbrido asiático cujas flores amarelas em forma de taça são eretas e pintalgadas de marrom-escuro. Floresce entre o meio e o fim do verão. A planta desenvolve-se em solos alcalinos se tiver bastante húmus.

Classificação RHS Divisão I (a).
Altura 1,5 m.
Cor Amarelo com pintas marrons.
Posição Pleno sol.

"ZEPHYR"

Lírio muito florífero, que chega a ter vinte e cinco flores por haste. As flores deste híbrido asiático têm forma de taça e são eretas, de um rosa bem claro com minúsculas pintas pretas e matizadas com um rosa mais forte na face externa das pétalas. Floresce no início do verão. Esta planta pode ser cultivada em solos alcalinos se tiver bastante húmus.

Classificação RHS Divisão I (a).
Altura 1,5 m.
Cor Rosa bem claro com pintas pretas.
Posição Pleno sol.

HÍBRIDOS DE LÍRIOS

Índice remissivo

"Apeldoorn" 36
"Atilla" 37

"Bingo" 39
"Black Beauty" 39
"Bonfire" 40
"Bright Star" 40
"Bull's Eye" 41

Cardiocrinum giganteum 35
  C. cordatum 35
"Casablanca" 41
"Colleen" 42
"Connecticut Beauty" 43
"Connecticut King" 43
"Connecticut Lemonglow" 44
"Corina" 44
"Corsage" 45

"Destiny" 45

"Edith" 46
"Enchantment" 46

Híbridos aurelianos 37
Híbridos Backhouse 38
Híbridos Bellingham 38
Híbridos Mid Century 53
Híbridos Paisley 55
Híbridos Olympic 55
Híbridos Red Band 57

"Imperial Crimson" 48
"Imperial Gold" 49
"Imperial Silver" 49

"Jetfire" 50
"Journey's End" 50

"Lady Ann" 51
Lilium amabile 18
  L. auratum 18
  L. bolanderi 19
  L. bulbiferum 19
  L. canadense 20
  L. candidum 20
  L. cernuum 21
  L. chalcedonicum 21
  L. concolor 22
  L. dauricum 22
  L. davidii 23
  L. formosanum 23
  L. iridollae 24
  L. kelloggii 24
  L. lancifolium 25
  L. lankongense 25
  L. longiflorum 26
  L. maritimum 26
  L. martagon 27
  L. michiganese 27
  L. nepalense 28
  L. pardalinum 28
  L. parryi 29
  L. pumilum 29
  L. regale 30
  L. rubellum 30
  L. rubescens 31
  L. speciosum 31
  L. superbum 32
  L. taliense 32
  L. tsingtauense 33
  L. wallichianum 33
  L. washingtonianum 34
  L. wigginsii 34
"Limelight" 51

"Mabel Violet" 52
"Marhan" 52
"Mont Blanc" 53
"Montreux" 54
"Moulin Rouge" 54

"Rosepoint Lace" 57
"Rosita" 58
"Roter Cardinal" 58

"Safari" 59
"Shuksan" 59
"Star Gazer" 60
"Sterling Silver" 60
"Sun Ray" 61
"Sylvester" 61

"Theseus" 62

Variedade African Queen 36
Variedade Citronella 42
Variedade Golden Splendor 47
Variedade Green Magic 47
Variedade Harlequin 48
Variedade Pink Pearl 56
Variedade Pink Perfection 56

"Venture" 62

"Yellow Blaze" 63

"Zephyr" 63